中华人民共和国
海关事务担保条例

中国法制出版社

中华人民共和国海关事务担保条例
ZHONGHUARENMINGONGHEGUO HAIGUAN SHIWU DANBAO TIAOLI

经销/新华书店
印刷/涿州市新华印刷有限公司
开本/850×1168 毫米 32　　印张/0.625　字数/8 千
版次/2010 年 9 月第 1 版　　2010 年 9 月第 1 次印刷

中国法制出版社出版
书号 ISBN 978-7-5093-2177-5　　定价：3.00 元

北京西单横二条 2 号　邮政编码 100031　　传真：66031119
网址：http：//www.zgfzs.com　　**编辑部电话：66066627**
市场营销部电话：66017726　　**邮购部电话：66033288**

目　　录

中华人民共和国国务院令

第581号

《中华人民共和国海关事务担保条例》已经2010年9月1日国务院第124次常务会议通过，现予公布，自2011年1月1日起施行。

总　理　温家宝

二〇一〇年九月十四日

中华人民共和国海关事务担保条例

第一条 为了规范海关事务担保，提高通关效率，保障海关监督管理，根据《中华人民共和国海关法》及其他有关法律的规定，制定本条例。

第二条 当事人向海关申请提供担保，承诺履行法律义务，海关为当事人办理海关事务担保，适用本条例。

第三条 海关事务担保应当遵循合法、诚实信用、权责统一的原则。

第四条 有下列情形之一的，当事人可以在办结海关手续前向海关申请提供担保，要求提前放行货物：

（一）进出口货物的商品归类、完税价格、原产地尚未确定的；

（二）有效报关单证尚未提供的；

（三）在纳税期限内税款尚未缴纳的；

（四）滞报金尚未缴纳的；

（五）其他海关手续尚未办结的。

国家对进出境货物、物品有限制性规定，应当提供许可证件而不能提供的，以及法律、行政法规规定不得担保的其他情形，海关不予办理担保放行。

第五条 当事人申请办理下列特定海关业务的，按照海关规定提供担保：

（一）运输企业承担来往内地与港澳公路货物运输、承担海关监管货物境内公路运输的；

（二）货物、物品暂时进出境的；

（三）货物进境修理和出境加工的；

（四）租赁货物进口的；

（五）货物和运输工具过境的；

（六）将海关监管货物暂时存放在海关监管区外的；

（七）将海关监管货物向金融机构抵押的；

（八）为保税货物办理有关海关业务的。

当事人不提供或者提供的担保不符合规定的，海关不予办理前款所列特定海关业务。

第六条 进出口货物的纳税义务人在规定的纳税

期限内有明显的转移、藏匿其应税货物以及其他财产迹象的，海关可以责令纳税义务人提供担保；纳税义务人不能提供担保的，海关依法采取税收保全措施。

第七条 有违法嫌疑的货物、物品、运输工具应当或者已经被海关依法扣留、封存的，当事人可以向海关提供担保，申请免予或者解除扣留、封存。

有违法嫌疑的货物、物品、运输工具无法或者不便扣留的，当事人或者运输工具负责人应当向海关提供等值的担保；未提供等值担保的，海关可以扣留当事人等值的其他财产。

有违法嫌疑的货物、物品、运输工具属于禁止进出境，或者必须以原物作为证据，或者依法应当予以没收的，海关不予办理担保。

第八条 法人、其他组织受到海关处罚，在罚款、违法所得或者依法应当追缴的货物、物品、走私运输工具的等值价款未缴清前，其法定代表人、主要负责人出境的，应当向海关提供担保；未提供担保的，海关可以通知出境管理机关阻止其法定代表人、主要负责人出境。

受海关处罚的自然人出境的，适用前款规定。

第九条 进口已采取临时反倾销措施、临时反补贴措施的货物应当提供担保的，或者进出口货物收发货人、知识产权权利人申请办理知识产权海关保护相关事务等，依照本条例的规定办理海关事务担保。法律、行政法规有特别规定的，从其规定。

第十条 当事人连续两年同时具备下列条件的，可以向直属海关申请免除担保，并按照海关规定办理有关手续：

（一）通过海关验证稽查；

（二）年度进出口报关差错率在3%以下；

（三）没有拖欠应纳税款；

（四）没有受到海关行政处罚，在相关行政管理部门无不良记录；

（五）没有被追究刑事责任等。

当事人不再符合前款规定条件的，海关应当停止对其适用免除担保。

第十一条 当事人在一定期限内多次办理同一类海关事务的，可以向海关申请提供总担保。海关接受总担保的，当事人办理该类海关事务，不再单独提供担保。

总担保的适用范围、担保金额、担保期限、终止情形等由海关总署规定。

第十二条 当事人可以以海关依法认可的财产、权利提供担保，担保财产、权利的具体范围由海关总署规定。

第十三条 当事人以保函向海关提供担保的，保函应当以海关为受益人，并且载明下列事项：

（一）担保人、被担保人的基本情况；

（二）被担保的法律义务；

（三）担保金额；

（四）担保期限；

（五）担保责任；

（六）需要说明的其他事项。

担保人应当在保函上加盖印章，并注明日期。

第十四条 当事人提供的担保应当与其需要履行的法律义务相当，除本条例第七条第二款规定的情形外，担保金额按照下列标准确定：

（一）为提前放行货物提供的担保，担保金额不得超过可能承担的最高税款总额；

（二）为办理特定海关业务提供的担保，担保金额不得超过可能承担的最高税款总额或者海关总署规定的金额；

（三）因有明显的转移、藏匿应税货物以及其他财产迹象被责令提供的担保，担保金额不得超过可能承担的最高税款总额；

（四）为有关货物、物品、运输工具免予或者解除扣留、封存提供的担保，担保金额不得超过该货物、物品、运输工具的等值价款；

（五）为罚款、违法所得或者依法应当追缴的货物、物品、走私运输工具的等值价款未缴清前出境提供的担保，担保金额应当相当于罚款、违法所得数额或者依法应当追缴的货物、物品、走私运输工具的等值价款。

第十五条 办理担保，当事人应当提交书面申请以及真实、合法、有效的财产、权利凭证和身份或者资格证明等材料。

第十六条 海关应当自收到当事人提交的材料之日起5个工作日内对相关财产、权利等进行审核，并决定是否接受担保。当事人申请办理总担保的，海关应当在10个工作日内审核并决定是否接受担保。

符合规定的担保，自海关决定接受之日起生效。对不符合规定的担保，海关应当书面通知当事人不予接受，并说明理由。

第十七条 被担保人履行法律义务期限届满前，

担保人和被担保人因特殊原因要求变更担保内容的，应当向接受担保的海关提交书面申请以及有关证明材料。海关应当自收到当事人提交的材料之日起5个工作日内作出是否同意变更的决定，并书面通知当事人，不同意变更的，应当说明理由。

第十八条　被担保人在规定的期限内未履行有关法律义务的，海关可以依法从担保财产、权利中抵缴。当事人以保函提供担保的，海关可以直接要求承担连带责任的担保人履行担保责任。

担保人履行担保责任的，不免除被担保人办理有关海关手续的义务。海关应当及时为被担保人办理有关海关手续。

第十九条　担保财产、权利不足以抵偿被担保人有关法律义务的，海关应当书面通知被担保人另行提供担保或者履行法律义务。

第二十条　有下列情形之一的，海关应当书面通知当事人办理担保财产、权利退还手续：

（一）当事人已经履行有关法律义务的；

（二）当事人不再从事特定海关业务的；

（三）担保财产、权利被海关采取抵缴措施后仍有剩余的；

（四）其他需要退还的情形。

第二十一条 自海关要求办理担保财产、权利退还手续的书面通知送达之日起3个月内，当事人无正当理由未办理退还手续的，海关应当发布公告。

自海关公告发布之日起1年内，当事人仍未办理退还手续的，海关应当将担保财产、权利依法变卖或者兑付后，上缴国库。

第二十二条 海关履行职责，金融机构等有关单位应当依法予以协助。

第二十三条 担保人、被担保人违反本条例，使用欺骗、隐瞒等手段提供担保的，由海关责令其继续履行法律义务，处5000元以上50000元以下的罚款；情节严重的，可以暂停被担保人从事有关海关业务或者撤销其从事有关海关业务的注册登记。

第二十四条 海关工作人员有下列行为之一的，给予处分；构成犯罪的，依法追究刑事责任：

（一）违法处分担保财产、权利；

（二）对不符合担保规定的，违法办理有关手续致使国家利益遭受损失；

（三）对符合担保规定的，不予办理有关手续；

（四）与海关事务担保有关的其他违法行为。

第二十五条 担保人、被担保人对海关有关海关事务担保的具体行政行为不服的，可以依法向上一级海关申请行政复议或者向人民法院提起行政诉讼。

第二十六条 本条例自2011年1月1日起施行。

国务院法制办、海关总署负责人就《中华人民共和国海关事务担保条例》有关问题答记者问

《中华人民共和国海关事务担保条例》（以下简称《条例》）已于2010年9月1日经国务院第124次常务会议讨论通过，并将于2011年1月1日起施行。国务院法制办、海关总署负责人就《条例》的有关问题回答了记者的提问。

问：为什么要制定《条例》？

答：海关事务担保是海关法确立的由当事人以财产、权利向海关提供担保，承诺履行法律义务，海关给予其提前放行货物等便利的一项管理措施。海关事务担保在关税征收、通关放行、保税监管等海关业务环节被广泛应用，对于提高通关效率，保障国家税收等发挥了重要作用。海关法第七十条规定，海关事务

担保管理办法，由国务院规定。因此，为了规范海关事务担保，提高通关效率，保障海关监督管理，有必要制定条例。

问：海关事务担保适用于哪些情形？哪些情形下不适用海关事务担保？

答：为了使当事人获得快速通关、办理特定海关业务以及免于扣留财产等便利，《条例》主要规定了三种情形下的海关事务担保：一是申请提前放行货物的担保，即在办结商品归类、估价和提供有效报关单证等海关手续前，当事人向海关提供与应纳税款相适应的担保，申请获得通关便利，由海关提前放行货物。二是当事人申请办理特定海关业务的担保，即当事人在申请办理内地往来港澳货物运输，办理货物、物品暂时进出境，将海关监管货物抵押或者暂时存放海关监管区外等特定业务时，根据海关监管需要或者税收风险大小向海关提供的担保。三是海关行政管理过程中的担保，即海关发现纳税义务人在纳税期限内有明显的转移、藏匿财产迹象，要求纳税义务人提供的担保；海关依法扣留、封存有违法嫌疑的货物、物品、运输工具，当事人申请免予或者解除扣留、封存向海关提供的担保；以及受海关处罚的当事人或者相关人员在未了结行政处罚前出境，依法提供的担保等。

为了防止滥用担保措施，《条例》还明确规定了不适用海关事务担保的情形：一是国家对进出境货物、物品有限制性规定，应当提供许可证件而不能提供的，海关不予办理担保放行。二是有违法嫌疑的货物、物品、运输工具属于禁止进出境、必须以原物作为证据或者依法应当予以没收的，海关不予办理担保。

问：《条例》对当事人办理海关事务担保规定了哪些便利措施？

答：一是免除担保。为顺应国际贸易便利化的要求，对连续两年通过海关验证稽查、年度进出口报关差错率在3%以下、没有拖欠应纳税款、没有受到海关行政处罚以及在相关行政管理部门无不良记录、没有被追究刑事责任的当事人，《条例》规定，当事人可以向直属海关申请免除担保，并按照海关规定办理有关手续。但同时规定，海关对享受免除担保待遇的进出口企业实行动态管理，即当事人不再符合上述条件时，海关应当停止其享受免除担保的待遇。

二是总担保。为了使进出口货物品种、数量相对稳定且业务频繁的企业免于反复办理担保，《条例》规定，当事人在一定期限内多次办理同一类海关事务的，可以向海关申请提供总担保；提供总担保后，当事人办理该类海关事务，不再单独提供担保。同时规定，总担保的适用范围、担保金额、担保期限、终止情形等由海关总署规定。

问：《条例》对当事人提供的担保金额是如何规定的？

答：在确定担保金额方面，《条例》坚持的原则是既要保证国家税收不受损失，又不能增加当事人的经济负担。因此，《条例》规定，当事人提供的担保应当与其需要履行的法律义务相当。一是为提前放行货物提供的担保，担保金额不得超过可能承担的最高税款总额；二是为办理特定海关业务提供的担保，担保金额不得超过可能承担的最高税款总额或者海关总署规定的金额；三是因有明显的转移、藏匿应税货物以及其他财产迹象被责令提供的担保，担保金额不得超过可能承担的最高税款总额；四是为有关货物、物品、运输工具免予或者解除扣留、封存提供的担保，担保金额不得超过该货物、物品、运输工具的等值价款；五是为罚款、违法所得或者依法应当追缴的货物、物品、走私运输工具的等值价款未缴清前出境提供的担保，担保金额应当相当于罚款、违法所得数额或者依法应当追缴的货物、物品、走私运输工具的等值价款。

问：《条例》对办理海关事务担保的程序做了哪些规定？

答：为了保护当事人的合法权利，提高行政效率，《条例》对办理海关事务担保的程序作了以下三方面的明确规定：

一是关于担保的受理与变更。《条例》规定，海关应当自收到当事人提交的材料之日起5个工作日内对作为担保物的财产、权利进行审核，并决定是否接受担保。当事人申请办理总担保的，海关应当在10个工作日内审核并决定是否接受担保。考虑到特殊情况下当事人变更担保内容的需要，《条例》还明确了变更担保的审核时限。

二是关于担保财产、权利不足的处理。《条例》

规定，担保财产、权利不足以抵偿被担保人有关法律义务的，海关应当书面通知被担保人另行提供担保或者履行法律义务。

三是关于担保财产、权利的退还。《条例》规定，当事人已经履行有关法律义务、不再从事特定海关业务或者担保财产、权利被海关采取抵缴措施后仍有剩余的，海关应当书面通知当事人办理担保财产、权利的退还手续。当事人无正当理由 3 个月内未办理退还手续的，海关应当发布公告。公告满 1 年当事人仍未办理退还手续的，海关应当将担保财产、权利依法变卖或者兑付后，上缴国库。